REINHARD BUXEL

REINHARD BUXEL

Mit Beiträgen von

GERHARD AUER

CHRISTOPH RUST

JOSEF MEYER ZU SCHLOCHTERN

MANFRED SCHNECKENBURGER

JOSEF MEYER ZU SCHLOCHTERN
7 Vorwort
8 Reinhard Buxel: Orte und Fluchten

MANFRED SCHNECKENBURGER
14 Steinplastik, behauen und belassen
Der Bildhauer Reinhard Buxel

CHRISTOPH RUST
74 Terrassen in Wolfsburg

GERHARD AUER
136 Für die Kinder

JOSEF MEYER ZU SCHLOCHTERN
156 Tobi Ishi 3+5+7 Steine

175 Biografie

177 Ausstellungen

180 Impressum

Turm 1998
11 Räume 2000
Gruppe 1994

ThF Paderborn, Innenhof

Vorwort

JOSEF MEYER ZU SCHLOCHTERN

Das Werk des Künstlers Reinhard Buxel kennzeichnet eine Grundspannung, die in allen seinen Arbeiten spürbar ist: In ihrem äußeren Erscheinungsbild weisen seine Steinplastiken oft glatte, helle Schnittflächen auf, andererseits dominieren unbearbeitete, dunkle Partien der rauen Außenkruste des Sandsteins, den dieser Künstler bevorzugt. Dieses charakteristische Widerspiel setzt sich in der formalen Gestalt seiner Plastiken fort. Das Innere des Steins wird geöffnet, dem naturwüchsigen organischen Material wird nach geometrischen Prinzipien eine Form gegeben, und der Künstler treibt diese Formgebung manchmal in Schichten voran, sodass gestaffelte, turmähnliche Plastiken entstehen – solange der gefundene Stein dies erlaubt. Dieser Gegensatz zwischen Natur und künstlerischem Eingriff bestimmt unübersehbar die großen Arbeiten für den Außenraum, prägt aber ebenso die Kleinplastiken, die auf einer ganz elementaren Ebene das Verhältnis von Lasten und Tragen erkunden.

Die großen, raumgreifenden Skulpturen entwickeln zugleich signifikante Beziehungen zu den Gegebenheiten ihrer Standorte. In dem auf einer leichten Anhöhe gelegenen Freiluftatelier des Künstlers ragen drei weithin sichtbare monolithische Stelen auf wie ein topographischer Orientierungspunkt im Gelände, und die Bodenarbeiten nehmen am jahreszeitlichen Wandel teil: Im Frühjahr ruhen sie im satten, frischen Gras, im Winter verschwinden sie manchmal unter einer Decke von Schnee. Die Ausstellung „Türme und Räume" nimmt nun einen Standortwechsel vor und versetzt die Plastiken Buxels in das Areal der Theologischen Fakultät Paderborn; in einen Kirchenraum, in die Flure eines Hörsaalgebäudes und vor die Steinschichtungen einer alten Mauer.

Mein Dank gilt dem Künstler Reinhard Buxel, dann den Autoren für ihre Beiträge zu diesem Katalog und schließlich den Förderern, die diese Ausstellung durch ihre Unterstützung ermöglicht haben: dem Verein der Freunde und Förderer der Theologischen Fakultät e.V., der Bank für Kirche und Caritas, dem Verein Ausstellungshaus für Christliche Kunst München und der Kunststiftung Nordrhein Westfalen.

Reinhard Buxel: Orte und Fluchten

JOSEF MEYER ZU SCHLOCHTERN

Die Steinplastiken von Reinhard Buxel sind an sehr verschiedenen Standorten zu sehen: in Parks, an Spazierwegen, an einem Seeufer, in Gärten oder vor einer Schule. Veranlasst durch eine Lehrveranstaltung über Türme in der christlichen Ikonographie, in der Kultur- und Kunstgeschichte, wurde der Künstler eingeladen, einige seiner Plastiken in der Theologischen Fakultät Paderborn zu zeigen. Kleinere Arbeiten präsentierte er in den Fluren vor den Hörsälen, eine große Turmplastik in der Kapelle der ehemaligen Jesuitenkirche, die anderen im Innenhof der Fakultät.

Begrenzt von der Rückseite des ehemaligen Jesuitenkollegs und auf der anderen Seite von Resten der alten Stadtmauer, hat der Künstler seine aufragenden Skulpturen dort auf den Rasenflächen platziert, wo sie vielfältige Beziehungen zu ihrer Umgebung aufnehmen: die Turmskulpturen wiederholen und verstärken die vertikalen Linien der Bäume; die aufwärts führende Staffelung der Einschnitte in der Plastik „11 Räume" entspricht der vertikalen Durchfensterung des Fakultätsgebäudes. Die beiden archaisch anmutenden Teile der „Gruppe" sind spannungsvoll gegensätzlich ausgerichtet, führen aber den Blick zur jahrhundertealten Liborikapelle. Der Künstler hat seine Arbeiten nicht beliebig im Gelände verteilt, vielmehr konstituieren ihre Standorte eine Blickachse, die bis zum Auditorium Maximum führt.

In den Fluren vor den Hörsälen reihen sich die aufgesockelten Arbeiten an den Fensterfluchten entlang, ausgehend von der frühen Plastik „Würfel" vor der gewendelten Treppe; an der Plastik „Runder Turm" vorbei führt der Weg in den hinteren Flur, wo die Fensternischen jeweils eine Skulptur aufnehmen. Die Flucht der Nischen wird durch die alten Portraits der Jesuitenoberen zusätzlich rhythmisiert, bis ein Blick in den Binnenraum der Turmplastik „5 Höfe" auch dort die gestaffelte Architektur und den Wechsel von Licht und Schatten erkennen lässt.

Als Material bevorzugt Reinhard Buxel für seine Arbeiten den Sandstein, der in der Region in einer Vielfalt

11 Räume 2000

Theologische Fakultät Paderborn, Innenhof

Gruppe 1994

Turm 1998

von Besonderheiten vorkommt und die Farbigkeit manch alter Stadtkerne prägt, wie etwa der sog. Grünsandstein aus Anröchte oder der Wesersandstein im Gebiet von Höxter. Sandstein entsteht, wenn Sande sich in Flüssen oder im Meer ablagern und unter Zufluss bestimmter bindender Substanzen und unter hohem Druck „versteinern". Buxel verwendet Sandstein aus Ibbenbüren, der von mittel- bis grobkörniger und mittelharter Beschaffenheit ist. Die verschiedenen erdgeschichtlichen Sedimente des Gesteins lassen sich an den Schnittflächen deutlich erkennen; sie werden wie Linien und Maserungen sichtbar, ebenfalls die Einschlüsse von Kieseln, Lehm oder oxydierten Partikeln.

Charakteristisch für Buxels Skulpturen ist die Steinkruste, eine rötlich bis braunschwarze abschließende Schicht, die den Steinkörper wie eine Haut umgibt. Diese Kruste bildet sich aus Eisenoxyd und ist beim Ibbenbürener Stein von besonders gleichmäßiger Qualität. Buxel lässt diese Kruste des gebrochenen Steins teilweise als Abschluss des Skulpturenkörpers stehen, bei den meisten Turmplastiken fast vollständig, bei den Arbeiten für den Innenraum nur zum Teil, aber bei keiner seiner Arbeiten fehlt diese „Außenhaut" des Steinkörpers ganz. Er integriert diese dunkle Außenseite der gebrochenen Steine in die künstlerische Form seiner Plastiken und sieht darin auch ein Moment des Authentischen; so wird der Stein nicht dekorativ, sondern zeigt diese Eigenheit als ein ihm zugehöriges Organ, wie eine schrundige Haut. Manchmal ist diese Kruste rau wie eine Baumrinde, bei anderen eher glatt; der hell-dunkel-Kontrast, den sie gegenüber den hellen Schnittflächen des Steins erzeugt, kann als ein Charakteristikum der Steinplastiken Buxels gelten.

Der Sandstein bestimmt auch den bildhauerischen Arbeitsprozess. Die Arbeit beginnt schon im Steinbruch, wenn der Künstler nach geeigneten Stücken sucht und erste Formideen entwickelt. Für die Bearbeitung verwendet Buxel Handwerkzeuge wie Hammer, Meißel und Steinbeil. Gelegentlich arbeitet er mit Maschinen, aber die Oberflächen werden abschließend per Hand bearbeitet. Bei den großen, massiven Werkstücken ist die Oberfläche eher rau, bei den Kleinplastiken dagegen glatt. Die Auflageflächen der aufeinander gelegten oder ineinander greifenden Skulpturstücke müssen natürlich eben sein; die Flächen der großen Arbeiten sind minimal gewölbt. Und notwendig ist auch handwerkliches Wissen: wie man etwa einen tonnenschweren Steinblock mit Hilfe zweier kleiner Rollen in Bewegung setzt, und seien dies kurze Abschnitte von einem Besenstiel.

Die eigene Handschrift dieses Künstlers, seine ganz eigene künstlerische Sprache, erkenne ich in dem besonderen Verhältnis, das zwischen dem gefundenen Steinblock und dem gestaltenden Eingriff des Künstlers entsteht. Seine Plastiken sind keine Zufallsprodukte, ihre Gestalt ist nicht beliebig, sie sind aber auch keine Baumodelle für herzustellende Architektur. Die Formen entstehen vielmehr durch ein Zusammenspiel zwischen der Form der vorgefundenen Steine einerseits und andererseits durch den rationalen, gestaltenden Eingriff des Künstlers, den er nach einem bestimmten ordnenden Prinzip vornimmt. Dies lässt sich gut an den „Turmplastiken" nachvollziehen. Der Stein in der Seitenkapelle mit dem Titel „9 Etagen" steht auf einer fast quadratischen Fußfläche; auf der ersten Ebene wird eine Aussparung, ein „Fenster" gebildet, das gleich breit ist wie die beiden tragenden Außensteine. Auf der nächsten Ebene wird dann die gleiche Seitenfläche um ein zweites „Fenster" vermehrt, daher entstehen fünf gleich breite Abschnitte, auf der nächsten Ebene mit drei Fenstern sind es dann sieben Segmente, usw. Weil der Künstler auf der ersten Ebene das Verhältnis der Breite der Abschnitte zu ihrer Höhe festgelegt hat, verringert sich auch die Höhe der nächsten „Etage" entsprechend. Beide Prinzipien, die Formvorgabe des gefundenen Steins und die Durchführung eines rationalen Gestaltungsprinzips bedingen so die künstlerische Gestalt dieser Skulpturen. Dies lässt sich analog bei den gestaffelten Turmplastiken „5 Höfe" oder „11 Räume" feststellen. Eine besondere Spannung entwickeln diese Arbeiten, wenn Unregelmäßigkeiten entstehen und der Künstler sein Prinzip nicht durchführen kann, weil die Form des Steins dies nicht zulässt; besonders reizvoll ist für den Betrachter, die Lösung zu entdecken, für die der Künstler sich entschieden hat.

Mehr noch als die vertikal gestaffelten „Türme" lassen die Arbeiten für den Binnenraum erkennen, dass stets einzelne Teile zu einem Ganzen zusammengefügt werden. An den Fugen ist nachzuvollziehen, wo und wie die Teile ineinandergefügt wurden. Die frühe, sehr expressive Arbeit „Würfel" in der Eingangshalle macht auch sichtbar, dass die Fugen nicht nach einem festen Schema verlaufen, sondern sehr unterschiedlich angeordnet sind. Die Tektonik, das Gefüge von tragenden und lastenden Teilen, ist bestimmt durch die Anordnung der

Würfel 1985, Eingangsbereich, Hörsaalflur

Runder Turm 2007

Blick in die Hörsaalflure

5 Höfe 2011/12, oben rechts: Innenansicht 4. Hof

Blick in die Hörsaalflure

9 Etagen 2011, Detail

Teile, die einander angefügt oder eingefügt oder angepasst werden.

Wie eingangs erwähnt, markieren die Arbeiten Buxels bestimmte Orte im Gelände oder kreieren Beziehungen zu ihrem Umraum, womit sie zugleich bestimmte inhaltliche Aspekte der Turm-Symbolik wachrufen. Die Arbeit in der Seitenkapelle der Kirche erinnert z.B. an die Erzählung vom Turmbau zu Babel (Genesis 11, 1-9), oder an Zikkurat und Minarette. Vor einem Hörsaal wirft ein Turm die Frage nach den Möglichkeiten und Grenzen menschlichen Wissens auf. Der Universalgelehrte Athanasius Kircher (1602-1680), der an der Paderborner Jesuitenuniversität studiert hat, glaubte den Turm zu Babel rekonstruieren zu können (A. Kircher, Turris Babel, 1679). Im Außenbereich lenken Turmskulpturen den Blick auf den benachbarten Ophei-Turm der alten Stadtmauer oder den Turm des Gymnasium Theodorianum und verweisen auf kulturgeschichtliche Entwicklungen am Ort. Die Skulpturen von Reinhard Buxel öffnen uns die Augen für die Dinge in ihrer Umgebung und damit für die Weise, wie wir Menschen leben.

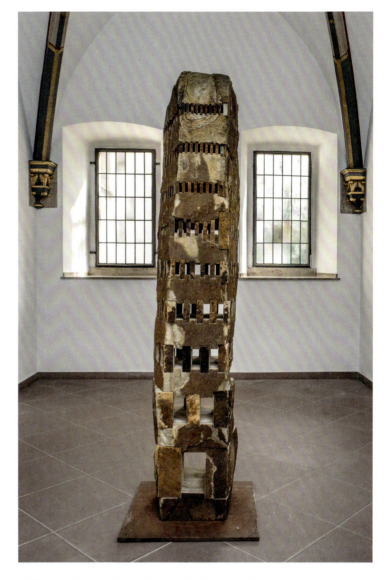

9 Etagen 2011, Marktkirche, Seitenkapelle

Steinplastik, behauen und belassen

Der Bildhauer Reinhard Buxel

MANFRED SCHNECKENBURGER

Seit den 1960er Jahren griff die Plastik* auf immer neue Materialien, Medien, Aggregatzustände, Räume aus. Plastik konnte eine Landschaftsformation, eine Tonne Wasser, eine Gaswolke oder eine Fettecke sein. Sie fand in der Wüste, am Himmel oder – auch Denken ist Plastik – in unseren Köpfen statt. Sie jagte von Begriff zu Begriff: vom Objekt zum Projekt zum Konzept zum Modell zur Performance... Was dabei herauskam, war nicht nur eine äußerste, produktive, morphologische Promiskuität, sondern (fassen wir den Begriff Plastik enger) – eine Krise ihrer Identität.

Gegen die allgemeine Ideologie des Aufbruchs tat die Steinplastik sich naturgemäß schwer. Ihre Materialbindung erwies sich als Bollwerk gegen Auflösung, Fliehkräfte und exzessiv spielerische Freiheiten. Meißel und Stockeisen entfernen ja nicht nur Stein von Stein, sondern führen an ihn heran und in ihn hinein. Sie erschließen den Stein, indem sie ihn auf- und abschließen. Sie machen den Stein sich selbst zum Thema und gewinnen daraus Differenzierung, Einsichten und Aufschlüsse.

Buxel geht dabei noch **vor** die Traditionen einer monumentalen, rhetorisch aufgeladenen Denkmal- und dekorativ angepassten Grabmalplastik zurück. Letztlich steht er den Megalith-Giganten von Stonehenge, den kyklopischen Mauergebirgen von Mykene oder den unfassbar präzisen, mörtellosen Blockgefügen der Inkas von Cuzco näher als der gesamten hellenischen Marmorbildhauerei mit ihrer Überformung zu atmenden Körpern oder schmückender Bauornamentik. Erst mit der „taille directe" Brancusis in ihrer radikalen Verblockung („Der Kuss", 1908), Henry Moores Lob der Steinheit („stoneness") und, gut eine Generation später, Ulrich Rückriems Freilegung innerer Gesetzlichkeiten des Steins schließen auch Sorten unterhalb der Marmor-Nobilität zu den Avantgarden des 20. Jahrhunderts auf.

In dieser Engführung zwischen Frühgeschichte und Moderne behauptet Buxel seine eigene Position. Er weist dem handgreiflichen Umgang mit dem Material neue Bahnen, indem er dessen karge Bearbeitung an eine Urform menschlicher Kultur knüpft: das Schichten und Reihen, ohne dass daraus mehr als eine begrenzte Schnittmenge mit der Architektur erwächst.

Denn Buxel bleibt Bildhauer durch und durch. Er steht als kräftiger Haltepflock im behänden Umschlag der Konzepte und Attitüden: ein genuiner Steinbildner in der Spannung zwischen Natur und Kultur. Wäre es überzogen, seine Stellung, dem Mainstream zum Trotz, als unverrückbare Bastion gegen Identitätskrisen und Auflösungen zu betrachten, als Position der Beharrung, aber keineswegs der Immobilität oder gar der Erstarrung? Als einen Weg zum Stein und nur zum Stein, wie er nicht nur als Volumen, Oberfläche und Gewicht in Erscheinung tritt, sondern auch eine bedingte Flexibilität facettenreicher Formprozesse ermöglicht? Das „Rohmaterial" kann dabei an- wie aufgeschnitten werden, nach außen gekehrt oder unverändert bleiben. Mit seiner gezielten Einbeziehung der Wetterkruste des Steins in die künstlerische Strategie hat Buxel die Plastik um einen gleichermaßen essentiellen wie subtilen Aspekt bereichert.

Entscheidend ist allerdings, dass kein einzelnes Steinsegment in einem baumeisterlichen Verbund aufgeht. Es wahrt seinen eigenen Charakter. Selbst in den späten *„Türmen"* seit der Jahrhundertwende ergibt sich die degressive Höhe der Geschosse und Zwischenräume aus

Steinen, die unter weitgehender Bewahrung ihrer Masse kubisch zurechtgemacht sind. Die „Türme" wachsen aus dem Maß des verfügbaren Materials – dieses wird zwar teilweise egalisiert, darüber hinaus in seiner Dimension jedoch kaum verändert. Deshalb lenken sogar eindeutige, durch Titel gestützte Benennungen wie „Turm", „Tor" oder „Terrasse", aber auch Möbelfunktionen wie „Tisch" oder „Bank" vom Wesentlichen eher ab. Ich kenne keinen Bildhauer, der sich für solche Brückenschläge zwar anbietet, sich ihnen beim zweiten Blick indes wieder derart entzieht. Richtig gesehen, verdichtet jeder Stein in sich seine eigene Ausdrucksmacht und individuelle Qualität.

Freiraum 1997

Wie zentral für den Künstler die Vorgaben direkt aus dem Steinbruch sind, zeigt z.B. die gewaltige, dem Fels entrissene Achteckplatte, die der Skulptur „Freiraum" (1997) zugrunde- oder (genauer) zuoberst liegt. Ihre Form bestimmt Umfang, Grundriss und Kantenbildung des gesamten Unterbaus. Die oktogonale Schichtung aus oblongen Blöcken folgt, alternierend mit Zwischenräumen, den Riffen und Buchten des Deckels. Verwitternde Frontseiten wenden sich in die Landschaft, so wie die Deckplatte himmelwärts: Sie bestehen darauf, Teil ihres Umfeldes und dessen Einflüssen ausgesetzt zu sein. Inwendig entsteht, so der Urheber, „ein sehr positives Raumgefühl", das Kontakt zur Außenwelt hält und doch Schutz vor ihr bietet. Die nach innen hin bearbeiteten, freigelegten Flächen der Quader grenzen den Blick nach draußen hin klar ein: Er segmentiert die Landschaft und gewinnt ihr eine reizvolle Rahmenordnung ab.

Sein Material holt Buxel also, Rohblock für Rohblock, unmittelbar aus dem Steinbruch, meist aus dem nahen Ibbenbüren. Der Bildhauer spricht von „Primärmaterial"** und betont damit den Unterschied zu vorgefertigten Standards, zu geschnittener oder gesägter Konfektion. Alle Steine, die in Salzkotten abgeladen werden, behalten mehr oder weniger ihr Volumen und ihre Kontur. Keiner wird zerstückelt oder einem beliebig auswertbaren Depot zugeführt. Manchmal empfiehlt sich ein Riesenklotz wie von selber für seine endgültige Position, dann wiederum ist die Auswahl das Ergebnis langwieriger Suchanstrengungen, wenn der Künstler im Kopf bereits eine feste Vorstellung mit sich bringt. Wie auch immer, die Wahl des richtigen Rohmaterials gehört bei einem Entstehungsprozess, der in bestimmten Stadien fast schon das Readymade streift, zu den wichtigen Vorbedingungen dieser Plastik.

Sandsteinbruch Woitzel   Ibbenbüren

Vis-a-vis   1996   Detail

Am häufigsten verarbeitet Buxel den lokalen, federnden Sandstein, gelegentlich auch Basalt oder den härteren Granit. Sandstein nimmt Wasser an: die Muster der zum Wetter gekehrten Außenhaut. Auf dem Gegensatz dieser erodierten, fleckigen Epidermis oder kräftig reliefierten Bruchfläche zur eingeebneten Haufläche beruht Buxels zentrales Formprinzip. Es fundiert Vieles von dem, was bisher beschrieben wurde. Aus der Unterscheidung gehen mannigfache Kontraste, rhythmische Wechsel und die angespannte bis gelockerte Zeichnung der Fugen hervor. Dieser Gegensatz unterwirft jede Skulptur ihrer eigenen Formlogik und -wirksamkeit.

Buxel setzt den schieren bildnerischen Prozess absolut. Keiner (außer vielleicht Rückriem) geht so umfassend und dezidiert vom Stein aus, auf den Stein zu und mit dem Stein um, bis er Form, weniger Farbe, bekennt. Koloristische Adern und Einschlüsse werden eher hin- als mitgenommen.
Keiner denkt und arbeitet so schnörkel- und phrasenlos: hämmert, meißelt, beilt, begradigt, verblockt. Ich weiß, ich variiere ein Klischee, doch ich kann mir nicht helfen: Ist hier nicht auch ein sehr bodenständiger, allem Schweifen, Abschweifen, Ausschweifen abholder, genuin westfälischer Bildhauer am Werk?
Im Unterschied zu Rückriem trennt er den Stein nicht als Ganzes, um die Teile in eine andere Ordnung, Rhythmisierung, Gewichtung zu überführen, sondern fügt einzelne Teilstücke, durchaus auch heterogen, zu einem Gebilde zusammen. Kein subtraktives, wohl aber ein additives Verfahren!

Worin besteht das Eigene, Besondere dieser Skulptur? Dass roher Bruchstein und bearbeiteter Haustein aufeinandertreffen, kennen wir auch von anderen Bildhauern (und Architekten). Der Widerstreit von ruppigem Non-finito und ausgeschliffenen Oberflächen gehörte für Michelangelo wie Rodin zu den gängigen Kunstkniffen. Auch die Entwerfer florentinischer Renaissance-Paläste setzten den robusten Effekt von Rustikasockeln oder Eckbandagen von der glatt geschmirgelten Steinmetzarbeit auf den Nobeletagen ab. Buxel bereichert diesen Abstand scheinnatürlicher Vergröberung zur feingesponnenen Handwerkskulptur um einen höheren Grad an Differenzierung. Die Außenseiten des Steins halten an ihrer Empfänglichkeit für evolutionäre und meteorologische Einwirkungen fest, Frontflächen bleiben den Unbilden von Erdgeschichte und Wetter ausgesetzt. Der Reiz pittoresker Verwerfungen neben geometrischer, stereometrischer Präzision erreicht damit eine zusätzliche Ebene. Das ändert nichts an der strikt plastischen Zielidee. Im Gegenteil, ein zentrales Problem der Klassischen Moderne, das Verhältnis von Schale und Kern, gewinnt auf diese Weise eine ebenso innovative wie substanzielle Auflösung. Bereits Archipenko, Zadkine, Boccioni u.a. waren das Thema angegangen und hatte innere wie äußere Form in geschmeidig gleitenden Übergängen ineinander verschlungen. Buxel definiert den Gegensatz weniger formal als systematisch und elementar, aus der Materialität und Beschaffenheit des Steins.

Ich vereinfache über Gebühr. Roh und bearbeitet werden Außen und Innen: Schale und Kern. Suche ich dafür eine Analogie, so komme ich zu Rinde und aufgeschnittenem Stamm. Wo immer die natürliche Epidermis Narben, Schrunden, Buckel, Spuren von Abriss oder Erosion nach außen kehrt, ist Schale. Wo immer die Oberfläche behauen, egalisiert, gebeilt oder (in Grenzen) geglättet wird, ist innen und Kern. Es geht, expressis verbis, unter die Haut.
Beide Zustände kommen vor und ergänzen sich wechselseitig. Jede Oberfläche, die irreguläre wie die regulierte, kann dominieren, aber sie können sich auch ausweigen und Natur wie Menschenhand gleichermaßen exponieren. Die Spannung für den Betrachter besteht darin, die-

sen Wechsel von Außen und Innen nachzuvollziehen. Es gilt, das System (wenn es denn eines gibt) zu erkennen, in seinen Varianten und Umkehrungen zu entdecken und als Hinweis auf eine spezifische Ausprägung von Dreidimensionalität zu registrieren.

Dabei gehören Tragen und Lasten zum Wesen des bearbeiteten Steins, bleiben aber nicht auf diesen beschränkt. Es kommen auch noch andere, genuin bildhauerische Brückenschläge vor: Verzahnungen, Verklammerungen, Versprünge, ob diese nun stufenförmig eingeebnet sind oder als Auswüchse stehen. Sogar Schadstellen und Fehler im Stein werden mit verarbeitet. Jede Skulptur drückt dadurch eindeutig Schwereverhältnisse aus oder gewinnt als konstruktives Equilibrium Gestalt. Besonders vor 1980 dominieren immer wieder gewichtig lastende, horizontale Balken. Danach differenziert sich die Binnengliederung oft kleinteiliger aus. Ihre Anordnung baut nicht nur auf das Neben- und Übereinander, sondern zunehmend auch auf das Ineinander verschiedener Übergriffe, Riegel und Blockaden. Sie erreichen damit eine statische Sicherheit und Dichte, die auf ihre Art nun doch von fern an das Mauerwerk von Cuzco denken lässt.

Mit dem „Würfel" setzt Buxels Werkkatalog 1985 ein. Die Skulptur fällt noch in die letzten Monate seiner Studienzeit an der Kunstakademie Braunschweig. Maße von 60 x 60 x 60 cm markieren die äußerste Erstreckung. Ihr imaginäres Rahmengerüst steckt die Grundform ab.

Dieser „Würfel" versammelt schon Eigenschaften, die das spätere Werk fortschreibt: Akzeptanz von Volumen und Umriss, wie sie der Steinbruch vorgibt, d.h. die behutsame Behandlung des Rohmaterials als Maßstab der Ausdehnung, aber auch die Einbeziehung schadhafter Abschläge und Splitterungen, wie z.B. der fehlenden, mächtigen Ecke. Vor allem aber tritt bereits Buxels grundlegende Methode hervor: naturnahe, von Schrunden bedeckte, schräg angeknackste, der Witterung ausgelieferte Seiten heben sich von egalen Flächen ab, die sich nach innen wenden, aufsitzen oder sich einpassen. Der frühe „Würfel" (1985) führt dieses Wechselspiel anhand der schieren Materialität vor, nicht ohne den ruinösen Kollaps der zentralen Störung mit einzubringen.

Schon ein Jahr später deutet die nächste Skulptur – wieder ein „Würfel" (1986) allerdings eine weitgehende

Tambo-Machay   Cuzco   Peru   5. März 1978

Würfel   1985

Tisch   1988   Braunschweig   Vorstadium

Tisch   1988   Nordhorn

Abkehr von löchriger Morbidität und eine stringentere Zukunft an.

Wird Buxel eine Entwicklung nehmen, die sich, wenn schon nicht von Skulptur zu Skulptur, dann doch auf der großen Linie zu gleichmäßig behauenen Blöcken aufmacht? Oder führt es in die Irre, geläufige Muster künstlerischer Progression einfach zu übertragen? Hält der Künstler sich nicht bei jedem Schritt, auf jeder Stufe, sämtliche bisherige Errungenschaften offen? Besteht er nicht auf einer Wahlfreiheit, die sich weniger an einem bestimmten Entwicklungsstand festmacht, als am Angebot aus dem Steinbruch? War es der abgesprungene Brocken, der die Katastrophendynamik des ersten „Würfels" (1985) bewirkt? Ist es der kompakte Zusammenhalt fast schon stereometrischer Quader, der den nächsten „Würfel" (1986) bedingt? Verbinden sich eine fortschreitende Entwicklung und das immer wieder spezifische Rohmaterial zu einer Art materialbasiertem Reifeprozess? Sucht Buxel einen Weg, auf dem künstlerische Freiheit und Motivation durch die Ausgangsform zusammengehen?

Denn die nächsten Skulpturen, z.B. der um 3 1/2 m große „Tisch" auf dem Braunschweiger Ägidien-Markt (1988), führen vor allem ausgehauene Stereometrien vor. Die Oberseite läuft, plattengleich begradigt, horizontal durch. Um einen inneren Block legen sich, wie Eckverstärkungen, rechtwinklige Klammerrahmen. Nach außen im Geviert und zum Boden hin zeigen sich unbegradigte Bruchstellen und bröselige Säume. Sie bewahren die Kruste, die sich beim Ausreißen aus dem Felsen ergab. Der Kontrast zum gebeilten, oberen Abschluss und zur schieren Geometrie der Fugen tritt deutlich zutage. An den acht Steinmöbeln klärt sich dieser Kontrast noch einmal durch geradlinig ausgehauene Sitzflächen gegen rau gewölbte Kanten, Fronten und Flanken.

Im gleichen Jahr entstand noch ein weiterer, ähnlich ausladender „Tisch" für den Skulpturenpark Nordhorn: Eine Steinplatte wird in ungeminderter Horizontalität von zwei rechtwinklig eingeschnittenen Stützen gehalten. Sie fangen Last und Schub nicht nur ab, sondern fassen sie förmlich ein. Der tektonische Zusammenschluss bedient sich also exakt präparierter Blöcke. Nur die Unterseite scheint, durchaus gezielt und gewollt, lockerrandig durchzuhängen und leicht anzusteigen. Außerdem scheren die Stirnflächen, wie freihand gezogen, schräg aus. Der oblonge mittlere Stein korrespondiert orthogonal mit einem hinter dem „Tisch" aufragenden Baum. Beim „Tor" (1989) und beim „Langen Stein" (1992) kommt die neue

Strenge dann vollends zum Tragen, obgleich ein zweiter Blick zeigt, dass der methodische Hang zur Rohform auch hier immer wieder Gelegenheiten für unbearbeitete Partien ausfindig macht. So präsentiert sich das „Tor" auf dem Campus der Brock University (Kanada) nicht nur als blockiger Drei-Teiler: Die vom Durchgang abgewandten Fronten bleiben rauer und grober Felsausriss, dagegen sind die Innenseiten der Trägersteine sorgfältig geglättet. Die Passage nimmt uns, wie ein exklusiver Raum, ins Innere des Steines auf. Ein Bearbeitungszustand als Bedeutungsträger!

Eine andere Werkgruppe vereint Skulpturen, die sich stärker zum Klotz, zu robuster Natürlichkeit als zur regulierenden Menschenhand mit Hammer und Meißel neigen. Unregelmäßigkeiten und Risse dauern, wie beim ersten „Würfel", bis zum letzten Meißelstoß. Versprünge werden nicht für Stufen genutzt, sondern brechen als Vorstöße aus. Statt tektonischer Absicherung dringen Ansätze zu amorpher Auflösung, buckelartige Auswüchse oder lebhaft durchfurchte Wölbungszonen mit steil abfallenden Schrägen durch („Alto", „Quader", beide 1987, wild-romantisch: „Reihe", 2009, Katholische Akademie Schwerte). An Stoßflächen, Auflagern, präzisen Einpassungen, den feinlinigen Risszeichnungen geometrischer Fugenverläufe („Burger", 1987) stößt diese ruppige Außenhaut allerdings an ihre Grenzen. Dennoch gibt es keine Ausschließlichkeit, in keiner einzigen Skulptur herrscht die eine oder andere Beschaffenheit allein.

Wieder andere Arbeiten wiegen das Verhältnis von andauernder mineralischer Natur und sekundärer Bearbeitung aus. Sie zielen fast auf ein Equilibrium zwischen dem doppelten Befund („Kreuz", 1990, „Zu Wasser und zu Lande", 2005). Bei all dem beharrt der Bildhauer auf seiner plastischen Methode, die er in den verschiedensten Richtungen, mit wechselnden Akzenten, erprobt, vorantreibt, auslotet, ohne ihre konzeptuelle Substanz zu verändern oder gar zu erschöpfen. Selbst die hochkarätig formalisierten „Innenräume" oder „Türme" seit den späten 1990er Jahren haben daran teil.

Diese bis zu 11-geschossigen Aufbauten bilden einen späten Höhepunkt und sind, nach der subtil differenzierenden Dreidimensionalität, vielleicht die wichtigste, konsequenteste Neuerung im Werk. Konsequent, weil Räume, zwischen den Schichtungen verborgen und wie

Reihe 2009 / 10   Teilansicht

Zu Wasser und zu Lande   2005

11 Räume   2000

untergeschlüpft, sich auf naturwüchsige Art schon in den ersten „Würfeln" andeuten. Sie scheinen hier in verschatteten, von Blessuren verursachten Höhlungen zu nisten. 1997 errichtet Buxel dann, in kühner Vorwegnahme, das beschriebene Oktogon „Freiraum". 1999 folgt der ausdrücklich so benannte „Innenraum": eine knapp 40 cm messende Plastik, bei der ein schwerer Deckstein sich mit Hilfe von fünf eingeschobenen Zwischenstützen über einem halb so starken Sockel erhebt. Das Ergebnis entfaltet ein wuchtiges räumliches Binnenleben. Wird diese Skulptur, nach dem voll ausgebildeten „Freiraum", zur Keimzelle der weiteren „Türme" oder wie immer Buxel seine Steilbauten nennt?

Auch diese leiten ihre Grundform von Rohmaterialien ab. Ein ursprünglich zusammenhängender, konisch zulaufender, 4,70 m langer Balken stand am Anfang der hochgetürmten „11 Räume" (2000). Buxel spitzte den Umriss noch entschiedener in Richtung einer Nadel zu, glättete 2 gegenüberliegende Seiten, während die beiden Abseiten ihr kräftiges Profil direkt vom Abriss im Steinbruch behielten. Anschließend zerteilte er den Block in 12 Segmente, aus denen 11 Etagen wurden. Zur Spitze hin verlieren sie an Höhe, eingesetzte Ecksteine lassen 11 Räume entstehen. Sie öffnen sich, in gleicher Breite übereinanderliegend, nach allen 4 Himmelsrichtungen. Da Rohblock und Zuspitzung den Aufbau bestimmen, erwachsen daraus bei gleich breiter Öffnung zwangsläufig schmalere Ecksegmente, was wiederum niedrigere „Räume" bewirkt.

Optisch und auch inhaltlich ergibt sich durch die Verschiebung der Proportion vom Hochformat oder Quadrat ins Breitformat: Die kontinuierliche Höhen-Degression, resultierend aus der Rohform des gefundenen Steines, bedingt ein „Formphänomen", das für Buxel zur „Legitimation für die Arbeit" wird.

Der Künstler bewegt sich hier, offenkundig ohne es zu wissen, auf der Spur barocker Illusionstheater in römischen Kirchen. So nutzte z.B. Bernini die sich verengende Scala Regia im Vatikan, um die Perspektive mit Hilfe immer kürzer werdender Abstände einer Säulenstellung zusätzlich zu steigern und einen endlosen Aufstieg vorzutäuschen.

Auch wenn die getürmte Folge der „11 Räume" mit der Prunktreppe von 1659 nichts außer einem Wahrnehmungstrick gemeinsam hat, so zeigt der eindeutig formale Aplomb ihrer Darbietung doch Buxels neue Ausrichtung. Sie überlagert den binären Abstand von naturbelassener

Kruste und behauenem Stein, Schale und Kern, ohne ihn in irgendeiner Weise aufzuheben. Von Augentrug hängt das nicht ab.

Wo die Zuspitzung wegfällt, weil das Rohmaterial sie nicht erlaubt, erzielen die „Türme" einen ähnlichen Effekt, indem die Zahl der Fensterdurchbrüche sich nach oben entsprechend verkleinert: „9 Etagen" (2011) fügt auf jedem Geschoss eine Öffnung hinzu, was nicht nur die Zahl vervielfacht, sondern den Aufstieg beschwingt und den imaginären Umgang behände macht. Einzelne Turmbauten laden 2-seitig konvexe Wülste und pagodenartig überstehende Querbalken aus (1998), andere spannen sich perfekt ausgezirkelt in die Höhe und unterbrechen die Rundung nur durch eingeschobene verkrustete Segmente.

Könnte es sein, dass die Entwicklung Buxels sich auf einen immer souveräneren Umgang mit dem eigenen System zubewegt, dass er seine bildnerischen Freiheiten ausweitet und die strengen Schranken seiner Methode, die Nähe zu Ursprung, Geologie und Steinbruch dennoch aufrecht hält?

Tetraeder (konkav) 2014

Anmerkungen:

* Die Begriffe „Plastik" und „Skulptur" decken seit dem fortgeschrittenen 20. Jahrhundert nicht mehr ab, was dreidimensionale bildende Kunst ist. Eine Konstruktion des Raums aus Flächen, die Einführung des „Readymade" durch Duchamp, die landschaftliche wie architektonische Expansion der Kunst, die starke Fermentierung durch den Konzeptualismus – das Alles entzieht sich der traditionellen Definition (Hinzufügen/Wegnehmen). Deshalb verwende ich beide Begriffe, dem allgemeinen Sprachgebrauch folgend, als wechselseitig austauschbare Synonyma und lasse ihre akademisch gewordene Zuordnung außer Acht.

Die Tatsache, dass Reinhard Buxel, durchaus auch wörtlich genommen, als Bildhauer arbeitet, tritt dabei zurück. Da Terminologien sich von allgemeinen Befunden ableiten, sehe ich keinen Anlass, mich zu korrigieren.

** Alle Zitate gehen, sofern nicht anders vermerkt, auf einen Briefwechsel mit dem Künstler zurück.

Würfel 1985 Sandstein 60 x 60 x 60 cm

Kopf   1985   Sandstein   2,3 x 2,0 x 3,6 m   Goslar

Würfel 1986

Sandstein

2,3 x 2,3 x 2,3 m

Skulptureninsel Salzgitter

Eisenturm 1987 Sandstein / Eisenguss 27,0 x 16,5 x 16,5 cm

Linke Seite:

Quader 1987 Sandstein 2,1 x 1,25 x 1,3 m Langenhagen

Ohne Titel 1987 Basalt H 37 cm

Alto 1987 Sandstein 49 x 37 x 31 cm

Steinzelt 1990 Sandstein 28 x 51 x 32 cm

Rechte Seite:

Burger 1986 40 x 40 x 40 cm

32 *Ohne Titel* 1986 Sandstein / Eisenguss 45 x 70 x 35 cm

Nappo 1986 Sandstein 31 x 95 x 50 cm

34 *Tisch* 1987 Sandstein 0,8 x 2,1 x 1,9 m

Dreieck 1987 Sandstein 1,45 x 2,6 x 1,9 m Ausstellung: Meisterschüler 1987 HBK Braunschweig

Tisch   1988   Vorstadium

Rechte Seite:

Tisch   1988   Sandstein   0,8 x 3,4 x 3,6 m   Ägidienmarkt Braunschweig

Tisch 1988

Bentheimer Sandstein

0,78 x 3,6 x 1,9 m

Nordhorn

40 *Tisch* 1988 Feier und Übergabe der Arbeit am 2 Oktober 1988 Nordhorn

O. T. 1988 Sandstein 0,58 x 2,6 x 1,55 m Ausstellung: Plastik im Freien Rastede 1988

42   *Ohne Titel*   1987   Sandstein   8,5 x 35 x 19 cm

Siel   1989   Basalt   10 x 42,5 x 24 cm

44　　*Fenster*　　1989　　Sandstein　　48 x 48 x 12 cm

Pole 1999 Basalt 3 x 32 x 20 cm

Brücke 1993

Sandstein

0,9 x 4,5 x 1,95 m

48 Beide Seiten: *Brücke* 1993 Sandstein Vorstadien

Kamm 1993 Sandstein 0,68 x 2,1 x 0,8 m

Ohne Titel 1988 Sandstein 0,93 x 1,88 x 1,47 m

52 *Zwilling* 1994 Sandstein 1,58 x 1,25 x 2,0 m

Gruppe 1994 Sandstein je 1,15 x 1,5 x 1,5 m Ausstellung: Lehniner Institut für Kunst und Handwerk 2000

Vis-a-vis 1996 Sandstein 1,15 x 3,5 x 2,15 m

Sitz   1994   Sandstein   1,15 x 1,8 x 1,6 m

56   *2 Holme*   1999   Sandstein   15,5 x 28 x 25 cm

Trommel 1999 Sandstein 21 x 26 x 21 cm

58   *1 Platte*   1998   Sandstein   18 x 46 x 20 cm

2 Platten   1998   Sandstein   18 x 48 x 19 cm

Für Diogenes   1993 / 94   Sandstein   2,2 x 3,2 x 1,85 m

Langer Stein 1992 Ansicht ohne Hauptsegment

Langer Stein 1992 0,86 x 4,38 x 1,5 m

Langer Stein 1992 Sandstein 0,68 x 1,5 x 4,38 m

Bogen   1996   Sandstein   18,5 x 53 x 28 cm

Steg   1993   Sandstein   1,2 x 1,52 x 8,56 m

Ausstellung: Lehniner Institut für Kunst und Handwerk   2000

Tor 1989

Ausstellung: Alexander Dorner Kreis 1990
Kubus   Hannover

Im Hintergrund oben:

Dreieck 1990

Tor   1989   Sandstein   2,54 x 3,2 x 1,35 m   Ausstellung: Chelsea Harbour Sculpture 93   London   England

Tore　　2006　　Sandstein　　je 24 x 44 x 11 cm

Vorherige Doppelseite:
Gohei　　1993　　Sandstein　　29 x 95 x 115 cm

Gasse 2002 Sandstein 24 x 38 x 21 cm

Terrassen

CHRISTOPH RUST

Weitab von den hektischen Straßen stehen die Sandsteinterrassen von Reinhard Buxel am Ufer des Kleinen Schillerteichs inmitten einer weitläufigen Parklandschaft.

Schon kurz nach der Aufstellung ergriffen Kinder von der Skulptur Besitz; spielerisch erklommen sie die vier Terrassen und genossen die Aussicht von oben.
In diesem selbstverständlichen Kinderspiel, das allen rüstigen Betrachtern empfohlen sei, steckt ein elementares Erlebnis, das zum Kern des künstlerischen Anliegens führt.
Gemeint ist nicht der einfache Akt des Hinauf- / Hinabsteigens, sondern die unmittelbare Erfahrung der stufenweisen Veränderung des Blickfelds, das sowohl die Umgebung als auch die Skulptur selbst betrifft.
Höhe und Tiefe, diese metaphysisch aufgeladenen Begriffe, werden mit jeder der vier Terrassen neu definiert und finden ihre imaginäre Fortführung in einer unendlichen Treppe.

Die sieben wuchtigen Sandsteinblöcke, die zu einer vierstufigen Terrasse aufgeschichtet wurden, unterstützen mit ihrem Wechsel von Raum-schaffen und Raum-verdrängen die prinzipielle Offenheit der Skulptur; anders als bei den nach außen (ab)geschlossen wirkenden Blockskulpturen, bei denen der Raum der Skulptur durch die Maße des Steins definiert wird, wird hier der Umraum der Terrasse zum integralen Bestandteil der Skulptur.

Terrassen   1991   Sandstein
3,24 x 0,91 x 4,03 m   Wolfsburg

76　　*Terrassen*　　1991　　Sandstein　　3,24 x 4,03 x 0,91 m　　Wolfsburg

Terrassen 1991 Sandstein 35 x 15,5 x 37 cm

Terrassen (innen und außen)   2007   Sandstein   18,5 x 34,5 x 8,5 cm

Dreieck 1990 Sandstein 2,73 x 2,85 x 0,82 m

Zeichen 1989 Sandstein 2,23 x 4,66 x 0,55 m Neuerkerode

Ring 1989 Sandstein 16,5 x D 320 cm Ausstellung: Werk - Statt - Schloss 1991 Wolfsburg

82 *SRG* 1990 Sandstein 33 x 37 x 35 cm

Kreuz 1990 Sandstein 17,5 x 41 x 42 cm

84 *Würfel mit Quadratlagen* 1996 Sandstein 24 x 34 x 36 cm

Würfel mit Rechtecklagen 1996 Sandstein 24 x 38 x 36 cm

Würfel mit gekreuzten Ecken 1996 Sandstein 22 x 42 x 42 cm

Ecke   2006   Sandstein   24,5 x 38 x 39 cm

88   *X liegend*   1997   Sandstein   24,5 x 65 x 39 cm

X   1997   Sandstein   0,95 x 0,85 x 0,61 m

Das eckenlose Quadrat 2014 Grafit auf Papier 75 x 75 cm

Linke Seite:

Das eckenlose Quadrat 2005 Sandstein 13,5 x 37 x 37 cm

92 *Bock* 1995 Sandstein 21,5 x 49 x 25 cm

Aus Kyoto 1995 Sandstein 89 x 115 x 172 cm

94   *Kreuz*   1995   Sandstein   59 x 100 x 100 cm

Zu Wasser und zu Lande   2005   Sandstein   16 x D 45 cm

96   *Stern (der Erde näher)*   2006   Basalt   25 x 24 x 24 cm

Stern (der Erde näher)   2006   Basalt   7 x 40 x 36 cm

98 *Stern* 2006 Sandstein 12 x 55 x 50 cm

Britisch 2012 Basalt 9,5 x 49 x 8 cm

100 *2 Rauten* 2012 Sandstein je 11 x 20 x 17 cm

Raute   2008   Marmor   19 x 40 x 32 cm

102 *Raute* 2008 Granit 0,75 x 1,5 x 1,15 m

Raute 2008 Basalt 17 x 26,5 x 15,5 cm

104   *Dreieck*   2013   Basalt   15 x 35 x 22,5 cm

Pipe 2005 Sandstein 21 x 28 x 28 cm

106 *Tetraeder (konkav)* 2014 Sandstein Radius 160 mm 22 x 40 x 23 cm

Tetraeder (konkav, überschnitten)   2014   Sandstein   Radius 160 mm   14 x 32 x 20 cm

Beide Seiten:

108   *Tetraeder (konkav, mehrfach überschnitten)*   2014   Sandstein

110 *Säulen* 1998 Sandstein je ca. 2,65 x 0,9 x 0,9 m Ausstellung: Stiftung Odapark 2001

Säulen 1998 Ausstellung: Stiftung Odapark 2001 Venray Niederlande

Säulen (Mäander)   1998

Sandstein

2,65 x 2,65 x 2,65 m

Atelier Salzkotten

Turm 1991

Sandstein

3,2 x 1,2 x 1,35 m

Pegel   1991   Sandstein   1,88 x 0,82 x 1,28 m

Turm   1998   Sandstein   1,27 x 0,5 x 0,4 m

Rechte Seite:

Turm   1998   Sandstein   2,10 x 0,85 x 0,85 m

Ausstellung: *Beelden op Zorgvlied 2001*   Amsterdam   Niederlande

Turm 1987 Sandstein 1,98 x 0,90 x 0,72 m

Indischer Turm   2007   Sandstein   47 x 20 x 23 cm

Turm   2014   Sandstein   56 x 39 x 35 cm

Turm 2015 Sandstein 56 x 34 x 35 cm

Beide Seiten:

11 Räume   2000   Sandstein   4,7 x 0,7 x 0,7 m

Ausstellung: Stiftung Odapark 2001   Venray   Niederlande

11 Räume 2000 Innenansicht zweiter Raum

11 Räume 2000 Innenansicht oberer Raum

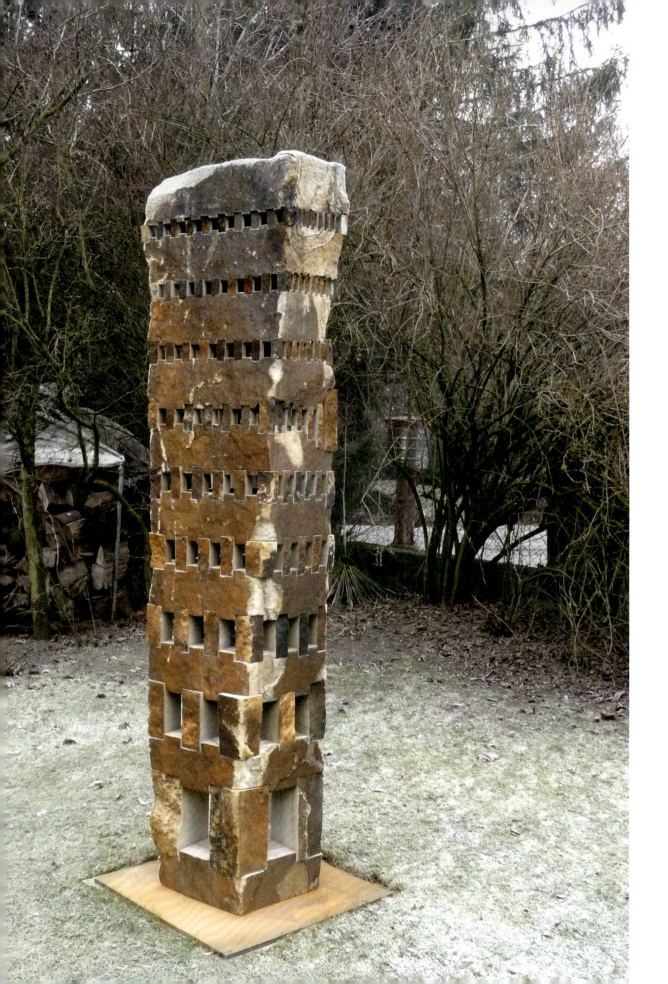

9 Etagen 2011

Sandstein

2,18 x 0,5 x 0,5 m

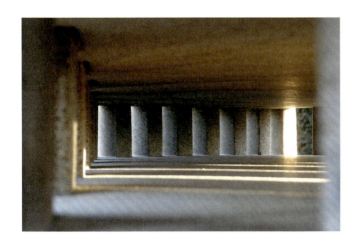

9 Etagen   2011   Innenansichten

5 Etagen   2007   Sandstein   2,0 x 0,55 x 0,5 m

Linke Seite:

5 Etagen   2006   Sandstein   2,1 x 0,6 x 0,4 m

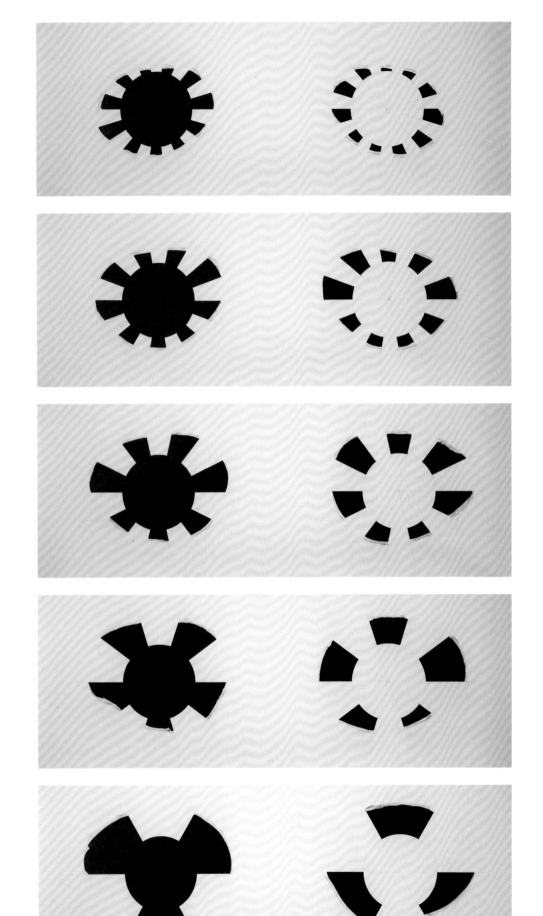

Runder Turm 2012

Grafit auf Papier

je: 50 x 140 cm

Runder Turm 2007

Sandstein

106 x 45 x 35 cm

5 Höfe   2011 / 12

Sandstein

220 x 85 x 75 cm

5 Höfe   2011 / 12

Innenansichten

Oben links: 3. Hof   2. Öffnung

Oben rechts: 5. Hof   1. Öffnung

Unten: 3. Hof   Innenfläche

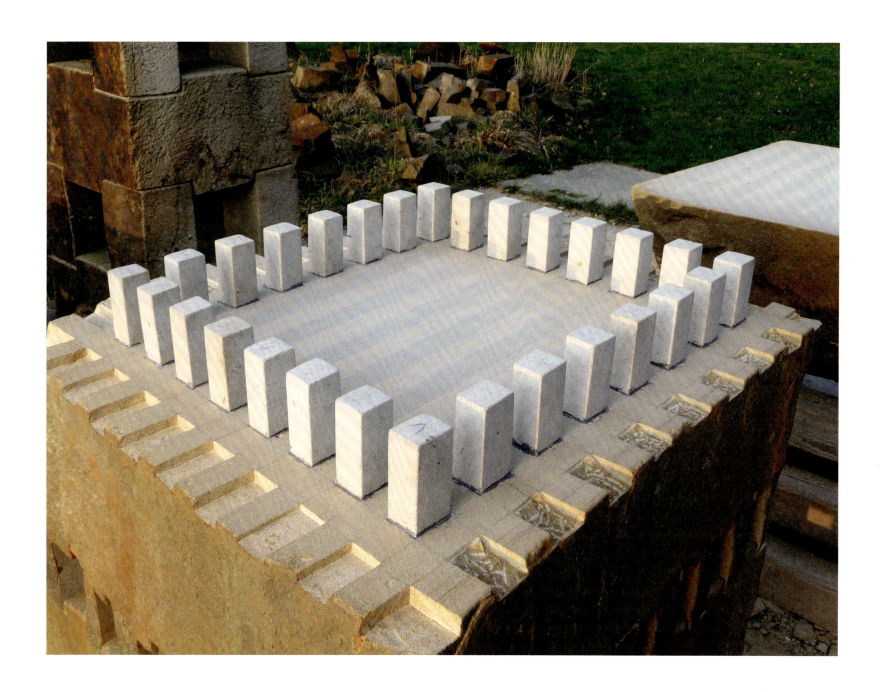

Für die Kinder

GERHARD AUER

Einige werkstypische Motive haben Reinhard Buxels bildhauerische Handschrift längst unverwechselbar gemacht:

Eine additive Kompositionsmethode, die in vertikalen oder horizontalen Fügungen, in monumentalen wie in Miniaturformaten variiert wird.
Eine bauwerksartige Logik der Setzungen: Nur teilweise geglättete Blöcke werden gelagert oder gestapelt, sind auf unsichtbaren Fundamenten und ohne Sockel errichtet, stabilisieren sich in mörtellosen Fügungen durch ihr Eigengewicht.
Eine sorgfältigste und nach "gewachsenen" Oberflächen forschende Auswahl der Bruchsteine, deren Eigenformen ausschlaggebend sind für die Kompositionsentscheidungen.
Schließlich eine auch grafisch ausbalancierte und inszenierte Zwiesprache der geglätteten "inneren" Berührungsflächen mit den unangetasteten "äußeren" Krusten.

Weil sie schnörkel- und geheimnislos sind, unrhetorisch und buchstäblich lapidar, erklären sich Buxels Steingruppen schon aus ihrer schieren Präsenz. Nicht ohne suggestive Anmutungen demonstrieren die Blöcke ihr gravitätisches Gewicht, das beeindruckende Alter ihrer patinierten Epidermis, die unversehrte Homogenität ihrer angeschnittenen Massen, nicht zuletzt die respektable Imaginations- und Handarbeit des Machers.

Die Variation für Königslutter ist ein Extremfall horizontaler Distanzierung: Aus 12 Blöcken von gleicher Breite aber unterschiedlich in Formaten und Oberflächen werden 4 Chiffren gelegt, die sich gegenseitig satellitenartig kontaktieren.
Durchaus beabsichtigt soll das Ensemble Benutzung provozieren, sich als Sitz- oder Kinderspielplatz publikumsfreundlich anbieten. Es verliert damit nichts von seiner Souveränität als Kunstwerk, das sich unter anderer Betrachtung einer minimalistischen Landart zuordnen lässt.

Für die Kinder　　2008　　7 Formen

Elm Kalkstein　　Königslutter

Beide Seiten:

Für die großen und die kleinen Kinder   1999   Granit   Cerisy   Frankreich

140   *Landschaft*   2004   Sandstein   32 x 146 x 124 cm   Rechte Seite: Detailansicht

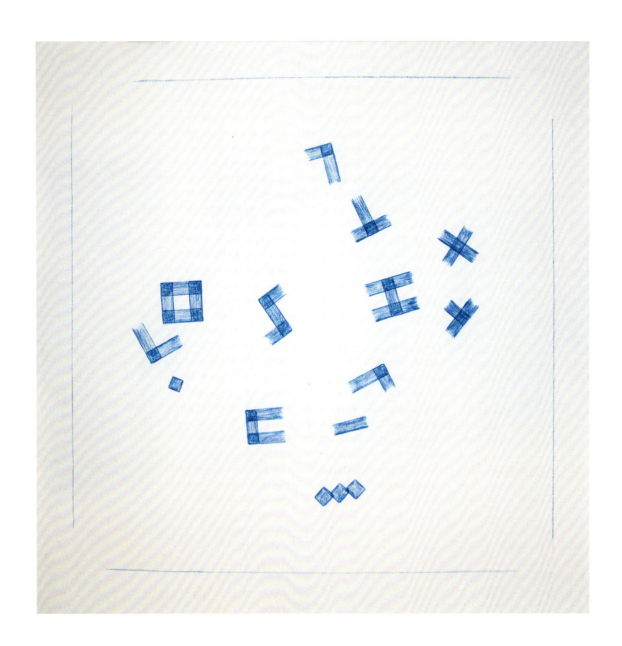

13 Formen zum 2. Hauptsatz der Thermodynamik 1999 Farbstift auf Papier 50 x 50 cm

12 Formen   2012   Granit   Modul 13,5 x 13,5 cm   Basis 40,5 x 40,5 cm

Innenansicht aus: *Reihe* 2009 / 10

Vorherige Doppelseite:

Reihe 2009 / 10 Sandstein Länge 23 m,
Ausstellung: Kath. Akademie Schwerte 2011

Reihe 2009 / 10 Teilansicht

148 *Würfel* 1999 Sandstein 90 x 110 x 100 cm

Innenraum 1999 Sandstein 30,5 x 38 x 31cm

Dreieck   2005   Sandstein   2,2 x 3,2 x 2,0 m

Ausstellung: Braunschweigische Landschaft e.V.   2005
ehemalige Gebläsehalle der Ilseder Hütte   Ilsede

Folgende Doppelseite:

Dreieck   2005   Innenansicht   Atelier Salzkotten

154 *Raute und Dreieck* 2000 Sandstein Raute 1,0 x 1,65 x 1,2 m Dreieck 1,15 x 1,45 x 1,4 m

Ohne Titel 1999 Sandstein 105 x 155 x 95 cm

Tobi Ishi 3+5+7 Steine

JOSEF MEYER ZU SCHLOCHTERN

Im Shintoismus bedeutet 'Shinto' „Weg (tao) der Götter" (shen), wobei beide als Pole einer Einheit verstanden werden. In Japan finden sich tausende von Shinto-Schreinen; die Menschen suchen sie auf, um bestimmte Gottheiten oder Götter in den Schreinen zu verehren. Zu diesen Schreinen führt jeweils ein Weg, an dessen Anfang ein Shinto-Tor steht, das meistens aus zwei schlichten Pfeilern gebildet wird, die oben durch Balken verbunden sind. Dieser Weg ist geordnet, er führt über Brücken, an Gewässern vorbei und wird so zum Bild des Weges einer spirituellen Reinigung, die auf das Betreten des Heiligtums vorbereitet.

Reinhard Buxel hat in der Stadt Muraoka, ca. 100 km westlich von Osaka, einen Abschnitt eines solchen Prozessionsweges gestaltet.
Die Idee dazu wurde einem Kosmogramm entnommen, das noch heute in der Gartenkunst Verwendung findet. Als Diagramm gezeichnet, bildet es in der Grundform ein Quadrat von 3 x 3 kleinen, also 9 Quadraten, in die jeweils eine Zahl von 1 - 9 eingetragen ist. Werden diese Zahlen vom zentralen Quadrat aus horizontal, vertikal oder diagonal addiert, ergibt sich stets die Zahl 15. Eine der Zahlenfolgen hat Buxel als Struktur für die Anordnung einer Reihe von Steinen an einem Prozessionsweg eingesetzt: 3 große, 5 mittlere, 7 kleine. Ihre Rundung ist an der dem Nachbarstein zugewandten Stelle jeweils glatt beschnitten, so dass sie sich nicht gegeneinander abgrenzen, sondern aneinander anschließen – ihre Reihung erscheint als die Einheit eines Weges.

Wer eine solche Reihung (mit den Augen) abschreitet, ihre innere Ordnung als die Einheit eines Weges erfasst, sich ihrer Stimmigkeit und Ruhe aussetzt, dem kann sich auch die spirituelle Dimension dieser Kunst eröffnen. Ihm können die Augen dafür aufgehen, wie von einer Plastik, die nur aus einer Reihe von Steinen besteht, ein Weg, ein Raum gebildet wird, und ihre Einfachheit erscheint ihm als innere Notwendigkeit.

Tobi Ishi   1992

3+5+7 Steine

Granit   Länge: 45 m

Muraoka - Cho   Japan

Linke Seite:

Tobi Ishi   1992   3+5+7 Steine

Ansicht Ost

Oben und unten rechts:

Teilansichten

Oben rechts:

Schinto - Prozession

Ohne Titel 1987 Eisenguss / Sandstein 28 x 28 x 94 cm

Grat 2014 Sandstein 45 x 166 x 43 cm

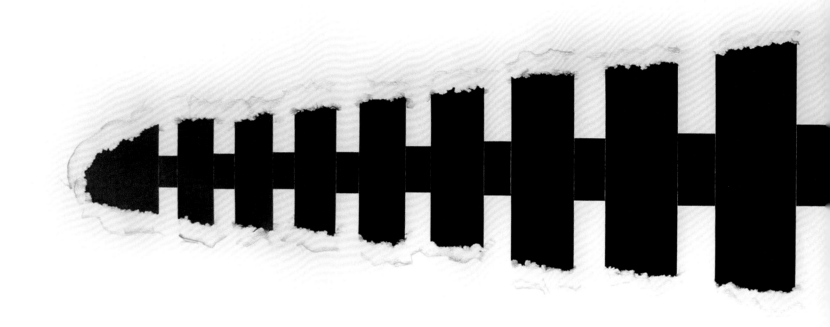

164 *3+5+7*   2014   Basalt   73,5 x 51,5 x 5 cm

Für Oscar Niemeyer 2013 Grafit auf Papier 100 x 100 cm

166 *Für Oscar Niemeyer* 2013 Basalt 12 x D 70 cm

Für Pier Luigi Nervi   2013   Basalt   9 x D 64 cm

168 *Caracol* 2005 Sandstein 24 x 48 x 36 cm Innenansicht

Caracol　2005　Außenansicht

Beide Seiten: *Freiraum* 1997 Innenansicht

Freiraum 1997

Sandstein

2,35 x 3,7 x 3,3 m

Atelier Salzkotten

REINHARD BUXEL

1953 geboren in Amshausen / Westfalen

1968 Berufsausbildung zum Maschinenschlosser

1981 Studium der Bildhauerei an der
Hochschule für Bildende Künste Braunschweig

1984 Heirat mit Ilona Habdank

1986 Rudolf Wilke Preis der Stadt Braunschweig

1987 Ernennung zum Meisterschüler
von Prof. Emil Cimiotti

1989 Geburt der Tochter Lea

1987- Lehrauftrag für Steinbildhauerei an der
2001 Hochschule für Bildende Künste Braunschweig

1989 Niedersächsisches Künstlerstipendium,

1989 Bernhard Sprengel Preis für Bildende Kunst

Lebt und arbeitet in Salzkotten / Westfalen

Teilnahme an öffentlichen Bildhauerprojekten

1983 Bildhauersymposium der HBK - Braunschweig

1984 BS - 84 Kulturwoche der Stadt Braunschweig

1987 Bildhauersymposium der Stadt Langenhagen

1988 Internat. Bildhauersymposium Nordhorn
      Bildhauersymposium der Stadt Braunschweig

1989 Symposium Neuerkerode

1991 Werk - Statt - Schloß, Wolfsburg

1992 Internat. Bildhauersymposium Muraoka, Japan

1999 Internat. Bildhauersymposium Cerisy, Frankreich

2008 Internat. Bildhauersymposium Königslutter

Plastiken in öffentlichem Besitz

Goslar, *Kopf 1986*
Lemgo, *Würfel 1985*, Modell
Land Niedersachsen, *O.T. 1986 Sandstein / Eisenguss*
Braunschweig, *Würfel 1987*, Modell
Braunschweig, *Tisch 1988*
Hannover - Langenhagen, *Quader 1987*
Salzgitter, *Würfel 1986*
Berlin, *Tor 1986*
Nordhorn / Landkreis Bentheim, *Tisch 1988*
Neuerkerode, *Zeichen 1989*
Wolfsburg, *Terrassen 1991*
Muraoka, Präfektur Hyogo, Japan, *Tobi Ishi 1997*
Mosbach, *Felspfad 1997*
Cerisy la Foret, Normandie, Frankreich, *Für die großen und die kleinen Kinder 1999*
St. Catherines, Ontario, Kanada, Sculpture Campus Lutz Teutloff at Brock University, *Tor 1989*
Kreis Gütersloh, *Turm 1999, X 2007*
Königslutter, *Für die Kinder 2008*

Ausstellungen (Auswahl)

1984 Darmstadt, Neue Darmstädter Sezession

1985 Bochum, Museum Bochum, *Forum Junger Kunst*
Wolfsburg, Schloss, *Forum Junger Kunst*

1986 Bielefeld, Galerie Jesse E
Hannover, Kunstverein, *Herbstausstellung Niedersächsischer Künstler*
Braunschweig, Kulturamt Brücke E

1987 Salzgitter, Skulptureninsel
Langenhagen, Kulturamt
Braunschweig, *HBK Meisterschüler*

1988 Bremen, Weserburg
Oldenburg, *Plastik im Freien*
Schleswig, Schloss Gottorf

1989 Hannover, Sprengel Museum E
Bielefeld, Kunstverein, *Artibus*

1990 Hameln, Rolf Flemes Haus, *Profile Impulse*
Hannover, Kubus, Alexander Dorner Kreis

1991 Wolfsburg, Schloss, *Werk - Statt - Schloss*

1992 Salzgitter, *Salon Salder*

1993 London, GB, *Chelsea Harbour Sculpture*

1994 St. Catherines, Ontario / Kanada, Sculpture Campus Lutz Teutloff at Brock University
Köln, ART 94, Galerie Teutloff

1995 Bielefeld, Galerie Teutloff
Amsterdam, NL, Stiftung de Amsteltuin

1996 Heemstede, NL, Cultureel Centrum Het Oude Slot, *De Kleur van de Huid*
Frankfurt, Galerie Poller

1997 Mosbach, Landesgartenschau
München, Boston Consulting Group, E

1998 Amsterdam, NL, Stiftung de Amsteltuin
Paderborn, Marktkirche

1999 Bielefeld, Galerie Teutloff, E
Ulm, Ulmer Kunststiftung, Galerie im Kornhauskeller

2000 Amsterdam, NL, Stiftung de Amsteltuin, E
Lehnin, Lehniner Institut
Paderborn, Wincor Nixdorf, *work in progress,* E

2001 Venray, NL, Stiftung Odapark
Amsterdam, NL, *Beelden op Zorgvlied*
Paderborn, Thormählen u. Peuckert, Archi-tektonisch, mit Bund Deutscher Architekten E

2002 Hannover Garbsen, Galerie Kolbien

2003 Bielefeld, Galerie Teutloff, Skulpturengarten

2005 Immenstadt, *Steinzeit*
Ilsede, ehem. Gebläsehalle Ilseder Hütte
Lübbecke, Kunstverein, E

2006 Deinste, ART Studio 1, E

2007 Gütersloh, Kunstverein Gütersloh im Kreishaus, E

2010 Halle / Westf., Städtische Galerie, E
Hemer, Landesgartenschau NRW

2011 Schwerte, Katholische Akademie, E

2012 Herford, Ev- Luth. Kirchengemeinde, Wanderausstellung: *Zeitgenössische Kunst zur Bibel,*
Stationen u.a. in: Bottrop, Kiel, Dortmund, Münster

2015 Lübbecke, St.-Andreas-Kirche
Gütersloh, Kunstverein / Kreis Gütersloh, *Zwölf bildhauerische Positionen*

2016 Paderborn, Theologische Fakultät, E
Beckum, Stadtmuseum, E
Stuttgart, Kunstverein Gästezimmer